A+C
=

À mon petit Jonas.

A. G.

ISBN 978-2-7011-9898-9
Loi 49-956 du 16 juillet 1949 sur les publications destinées à la jeunesse
Imprimé en Belgique par New Goff
N° d'édition : 70119898-01 – Dépôt légal : septembre 2016

MES SECRETS

Didier Lévy • Amélie Graux

Belin Jeunesse

Je n'ai jamais dit à personne
que j'avais été très amoureuse d'Antoine Bost.

Mais un jour, à la récré, je lui ai montré comment on faisait
un o-soto-gari (je suis ceinture orange de judo).
Je l'ai tenu par le pull, j'ai glissé ma jambe derrière la sienne
et je l'ai doucement poussé. Il avait le sourire gêné de celui qui perd l'équilibre.
Je l'ai retenu dans mes bras pour qu'il reste debout.
Il sentait le savon de Marseille. Son cœur était pratiquement collé au mien.

Je n’ai jamais dit où j’avais enterré mon premier trésor
(3 fèves de galette des rois, 2 coquillages, 1 tête de poupée).

Mais j'ai montré la drôle de pousse qui avait germé par-dessus.
C'est devenu un bel arbuste, d'une espèce très rare,
m'a expliqué mon grand-père, et dont les fruits sont paraît-il délicieux.
Des fruits au goût de secret ?

Je n'ai jamais dit que j'aurais aimé faire partie
des chouchous de Madame Matisse.

Au contraire, j'ai dit que j'étais très contente de ne pas en faire partie.
Je me suis assise tellement loin au fond de la classe
que c'est comme si j'étais à l'autre bout du monde.
J'y étais bien, malheureuse juste ce qu'il faut.

Je n’ai jamais dit que c’était moi qui avais volé
le stylo à plume dans la trousse de Djamel.

Je n'ai jamais dit non plus tout ce qui s'était passé dans ma tête, après.
La peur. La honte. La tristesse. J'ai simplement dit à Djamel
le lendemain matin que j'avais retrouvé son stylo par terre.
Il m'a lancé un drôle de regard avant de répondre, l'air amusé :
« J'étais sûr que c'était toi qui le retrouverais ! »

Je n'ai jamais dit à personne
toutes les horreurs
que Melinda Dubois
m'a balancées.

Je les ai juste écrites sur des feuilles de papier plein de fois,
jusqu'à ce que je me sente vide. Complètement vide.
Puis j'ai déchiré les feuilles, et hop, dans les toilettes !
Fin de Melinda Dubois et de ses horreurs.

Je n'ai jamais dit que j'aimais bien aller à la plage, les jours de pluie.
Courir au milieu des gouttes sans capuche. Sauter dans les flaques.

Mais dans une rédaction, j'ai raconté comment mon arrière-arrière-grand-mère, une sirène, avait quitté les flots par amour pour mon arrière-arrière-grand-père, un artiste qui adorait peindre la mer, les jours de pluie.

Je n’ai jamais dit que j’aimais bien jouer au garçon.

J'ai simplement raconté que je portais très bien la moustache,
et que je viendrais déguisée en Charlot ou en pirate à la fête de Norma Long.
Finalement, j'y ai été en cambrioleur.
Collant noir, justaucorps noir, maquillage noir.
À ma grande surprise, je faisais très fille et je me trouvais très belle.

Je n'ai jamais dit que j'avais parfois peur d'être un peu folle.

J'ai simplement pensé à Mister Moustach', mon chat,
qui a chaque jour son quart d'heure de folie et ne s'en porte pas plus mal.
Mais moi, je crois que je suis quand même folle un peu plus d'un quart d'heure par jour.

Je n’ai jamais dit
que j’avais parfois honte de mes parents.

Je préfère penser à toutes les fois où ils m'épatent, comme quand ils dansent le rock'n'roll acrobatique, qu'ils fabriquent des meubles en carton ou qu'ils se battent pour que Shafir (un petit de l'école) et ses parents ne soient pas renvoyés dans leur pays d'origine où c'est la guerre.

Je n'ai jamais dit
que j'étais jalouse de Tallulah Simon.

J'ai dit qu'elle avait de la chance d'être belle et intelligente.
J'ai dit qu'elle avait de la chance d'être l'amoureuse d'Antoine Bost.
Un jour, je lui ai montré une prise de judo, un okuri-ashi-baraï.
Mais elle, je ne l'ai pas beaucoup retenue au moment où elle tombait.
Bien sûr, après, je m'en suis voulu, et j'ai tout fait pour qu'on devienne copines.
C'est drôle, aujourd'hui, c'est ma meilleure amie.

Je n'ai jamais répété les secrets
qu'on m'avait confiés.
Même si certains m'avaient été dits
pour que je les répète.

J’ai juste dit que je savais des choses.
J’ai juste dit ce que j’avais à dire.

Et toi,
que fais-tu de tes secrets ?

Jeudi 14 Septembr

Aujourd'hui il fait beau je

Antoine Bost